글 초콜릿나무

어린이책을 기획하고 집필하며, 만드는 일을 하고 있습니다.
달콤하고 맛있는 초콜릿처럼 아이들이 꼭 갖고 싶은 책을 만들기 위해 노력하고 있습니다.
그동안 <댕기머리 옛이야기>, <직업의 세계가 궁금해 시리즈> 등 많은 책을 기획하고,
<놀이로 만나는 세상>, <철새> 등을 집필했습니다.

그림 최은영

대학에서 일러스트레이션을 공부했습니다.
어린이책을 만드는 곳에서 그림을 그리는 일을 하다가
지금은 혼자서 이것저것 재미있는 생각을 하며 그림을 그리고 있습니다.
정전기가 찌릿찌릿하는 순간을 재미있게 표현하려고 노력했습니다.
그동안 그린 책으로는 <동전 한 닢의 기적>, <별난 문화 이야기>,
<내일은 바람 할 거야> 등이 있습니다.

감수 박용남

고려대학교 화학과를 졸업하고 미국 미주리대학교에서
화학박사 학위를 받았습니다. 현재는 한국교원대학교
화학교육과 교수를 맡고 있습니다.
그동안 과학고등학교 화학교과서, 화학실험서 등을 썼으며,
화학 전문 학술지에 논문 50여 편을 발표하였습니다.

물체와 물질 · 정전기 21 앗, 정전기다

초콜릿나무 글 · 최은영 그림 · 편집부 재구성 · 박용남 감수
펴낸곳 (주)아람키즈 | 펴낸이 이소영 | 주소 서울특별시 성동구 성수이로 147, 아이에스비즈타워 2F
고객센터 1644-4521 | 팩스 02-468-5548 | 홈페이지 www.aramkids.co.kr 출판등록 제2020-000011호
기획 · 편집 · 디자인 (주)아람키즈 하늘땅
ISBN 979-11-6543-530-1 979-11-6543-574-5(세트)

ⓒ (주)아람키즈
이 책은 저작권법에 따라 보호를 받는 저작물이므로 무단전재와 무단복제를 금합니다.
이 책 내용의 전부 또는 일부를 이용하려면 저작권자의 서면 동의를 받아야 합니다.

• 눈을 편안하게 해 주는 친환경 식물성 원료인 콩기름 잉크로 인쇄하였습니다.
⚠ 책 모서리가 날카로워 다칠 수 있으니 사람을 향해 던지거나 떨어뜨리지 마십시오.
⚠ 종이에 베이거나 긁힐 수 있으므로 주의해 주십시오.

초콜릿나무 글 · 최은영 그림 · 박용남 감수

아람키즈

미래는 심통이 났어.
"언니가 놀아 주지도 않고 혼자 나가 버렸어.
인형 놀이도, 소꿉놀이도 혼자 하는 건 정말 재미없는데."
"멍멍, 끄응."
미래가 심심해하면
아롱이도 덩달아 심심해했어.

"아롱아, 우리 언니 방에 들어가자.
언니 방에는 재미있는 물건들이 많거든."
미래는 조용조용 언니 방문 앞에 섰어.
"쉿, 조용히 해."
미래가 방문을 열려고 손을 쭉 내밀었어.

타닥타닥!
"앗, 따가워!"
미래는 깜짝 놀라서 소리를 질렀어.
문손잡이에 손을 대자마자
뭔가 손을 탁 찔렀거든.

"멍멍, 미래야. 왜 그래?"
"문손잡이가 벌이 쏘는 것처럼 나를 탁 찔렀어."
아롱이가 앞발을 척 들며 말했어.
"그건 **정전기***야."

"정전기가 뭔데?"
"정전기가 뭐냐면……."
아롱이는 대답하기 힘든 듯
뒷발로 머리를 쓱쓱 긁었어.
그러다가 방으로 들어가
털실로 짠 옷을 물어 왔지.

"내가 하는 걸 잘 봐."
아롱이는 머리에 털옷을 대고 쓱쓱 비볐어.
그러자 아롱이의 털이 곤두섰지.
"우아!"
"보라고! 이게 정전기야."
"나도! 나도 해 볼래."

미래는 털옷을 머리에 대고 싹싹 비볐어.
털옷을 살짝 들자 머리털이 곤두섰어.

"내 머리털도 곤두섰어! 정전기 때문에 그런 거지?"
미래가 으쓱거렸어.

"정전기 놀이 또 해 볼래."
"그래 좋아. 다른 것도 해 보자."
미래와 아롱이는 집 안을 구석구석 뒤져서 플라스틱 빗을 찾아냈어.
책받침*이랑 풍선도 가져왔지.

책받침 으로
쓱쓱

풍선으로 쓱쓱 싹싹

쓱쓱 싹싹 비비자, 비비자.
미래 머리털도
아롱이 털도 위로, 위로!

털모자도 해 보자!

"어머나! 이게 다 뭐니?"
엄마가 방문을 연 건 그때였어.
미래와 아롱이는 엄마에게 혼날까 봐 멈칫*했어.

미래는 얼른 엄마 손을 잡았어.
그때 마침 찌릿찌릿, 정전기가 생긴 거야.
"깜짝이야!"

"헤헤, 엄마도 정전기 생겼다."
"멍멍 멍멍."
"어휴, 놀랐잖아. 이런 개구쟁이*들!"
미래와 아롱이는 엄마와 함께
하루 종일 정전기 놀이를 했어.

멍멍 멍멍

깜짝깜짝 정전기

생활하다 보면 정전기 때문에 깜짝깜짝 놀랄 때가 한두 번이 아니에요. 그런데 이런 정전기는 왜 생기는 걸까요? 정전기가 생기는 것을 막을 수 있는 방법은 없을까요?

정전기는 무엇일까요?

정전기는 전기와 비슷해요. 하지만 전기는 전선을 따라 흐르고 정전기는 쌓여 있다가 갑자기 또는 천천히 사라지지요. 또한 두 물체를 문지르는 순간에 잘 생기기 때문에 '마찰 전기'라고도 부르지요.

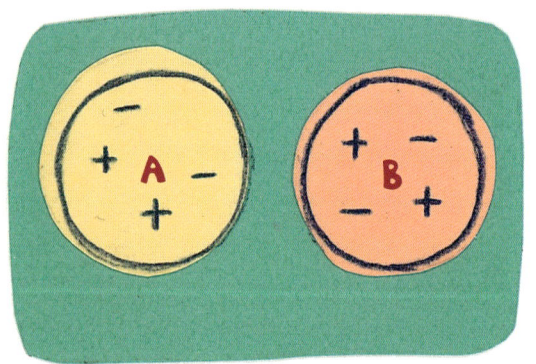

두 물체가 떨어져 있을 때

A와 B는 같은 양의 플러스(+) 전하와 마이너스(-) 전하를 가지고 있어요.

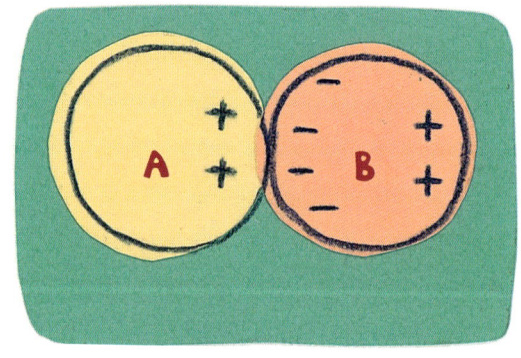

두 물체를 문질렀을 때

A에 있던 마이너스(-) 전하가 힘이 더 센 B로 끌려 들어가요. 물체가 가진 전기의 힘 차이로 정전기가 생기지요.

정전기가 생길 때는 **이렇게** 해요

손에 정전기가 생겨요
로션 등 보습 크림을 바르면 손에서
정전기가 생기는 것을 막을 수 있어요.

옷에 정전기가 생겨요
옷에 물을 살짝 뿌려 주면
정전기가 생기는 것을 막을 수 있어요.

빗질하는데 정전기가 생겨요
머리를 빗을 때 플라스틱 빗보다는
나무 빗을 사용하면, 정전기가 생기는 것을
막을 수 있어요.

텔레비전 화면에 정전기가 생겨요
식초를 묻힌 헝겊으로 텔레비전 화면을
닦으면, 정전기가 생기는 것을 막을 수
있어요.

색종이 나비가 날아올라요!

정전기는 자연적으로 생기기도 하지만 직접 만들 수도 있어요. 정전기를 이용해 재미있는 놀이도 해 볼 수 있지요. 정전기를 만들어 재미있는 놀이를 해 보세요.

준비해요

부드러운 천　　가위　　풍선　　색종이

이렇게 해요

1 색종이를 나비 모양으로 여러 장 잘라요.

2 풍선을 불어 부풀린 뒤 입구를 묶어요.

3 풍선을 색종이 나비에 대면 나비가 달라붙지 않을 거예요.

4 부드러운 천으로 풍선을 한참 동안 문질러요.

풍선 주변에 어떤 변화가 생겼나요?

풍선을 분 뒤 바로 색종이 나비 가까이로 가져가면 아무런 변화가 없어요.
하지만 부드러운 천으로 풍선을 한참 동안 문지른 뒤 다시 색종이 나비 가까이로 가져가면, 색종이 나비가 풍선에 달라붙어요.
풍선에 정전기가 생겼기 때문이에요.

 신나는 과학놀이

문제 찌릿찌릿! 정전기는 건조한 계절에 잘 일어나요. 공기 중에 습기가 많으면 전기는 힘을 내지 못하거든요. 다음 중 정전기가 제일 많이 일어나는 계절은 언제일까요?

 봄　　 여름　　③ 가을　　④ 겨울

정답은?   ③ ④

문제 미래의 머리카락을 삐죽삐죽 위로 솟게 만든 정전기! 다음 보기 중 정전기가 잘 일어나지 **않는 물건**은 무엇일까요?

   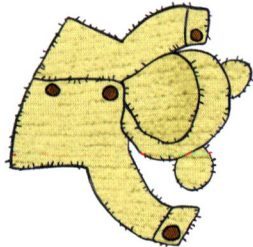

① 풍선　　② 화분　　③ 책받침　　④ 털옷

정답은?   ③ ④

정답: 4, 2